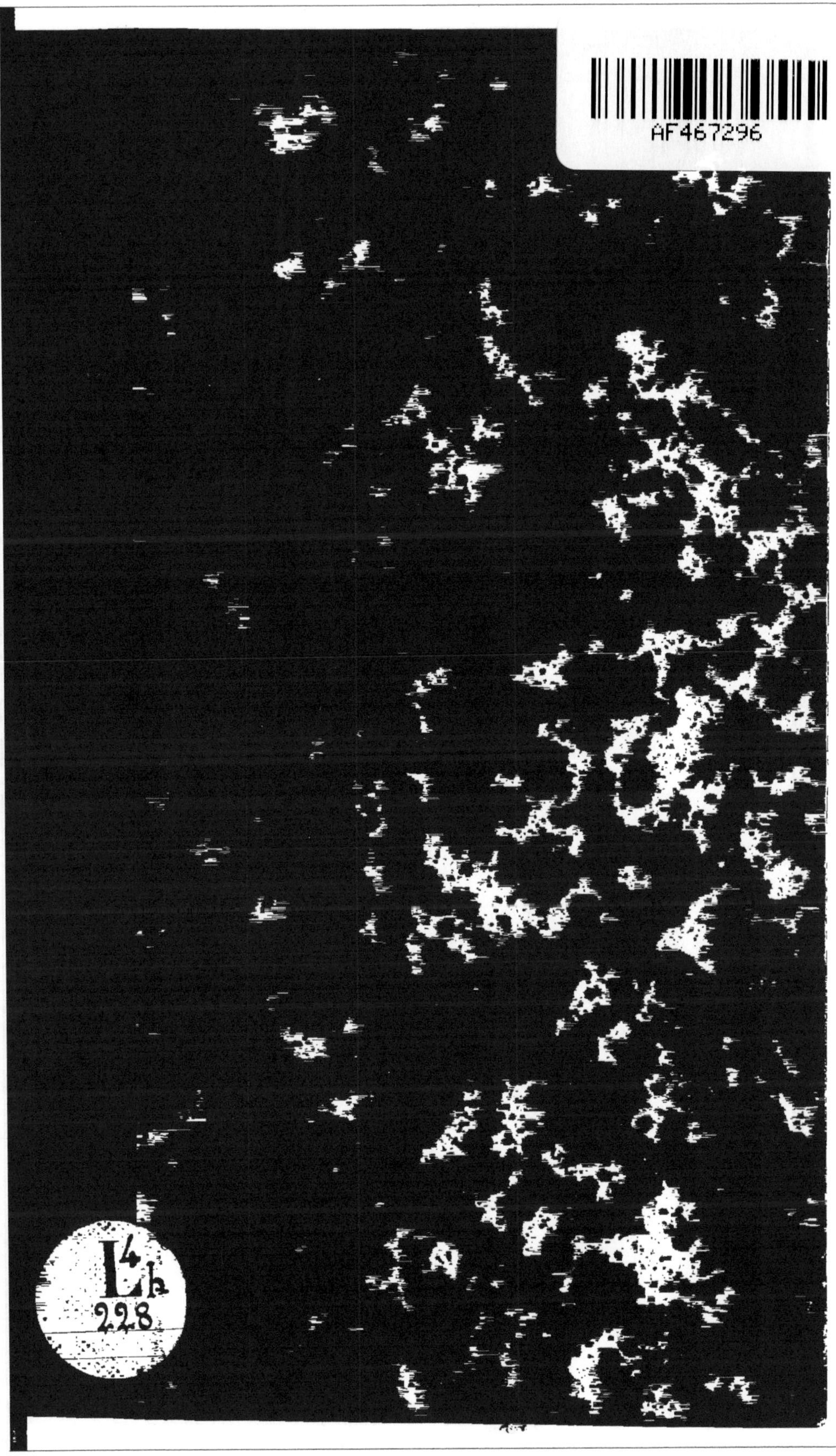

Hourra

SUR LE PAMPHLET

PUBLIÉ

PAR Mr R. J. DURDENT,

ET INTITULÉ

CAMPAGNE DE MOSCOW

EN 1812.

PAR UN PRISONNIER DE GUERRE RENTRE.

..... *Quorum pars..... fui.*
ÆNEID., lib. II.

PARIS,

J. G. DENTU, IMPRIMEUR-LIBRAIRE,
Rue du Pont de Lodi, n° 3, près le Pont-Neuf.
1814.

Hourra

SUR LE PAMPHLET

PUBLIÉ PAR Mr R. J. DURDENT,

ET INTITULÉ

CAMPAGNE DE MOSCOW EN 1812.

J'ARRIVE de Kiow..... c'est pourquoi je n'ai vu que tout récemment une brochure, peut-être déjà oubliée, mais dont le titre intéressera toujours les Français : c'est la *Campagne de Moscow en* 1812. J'ai acheté l'ouvrage, *je l'ai lu tout entier*, et, plein d'indignation, je me suis écrié *hourra! hourra!* (cri de combat des peuples que je quitte.) Je vais donc combattre M. Durdent, dût-on me prendre, non pas pour un Cosaque, mais pour un nouveau Bellérophon.

Sur le revers de la première page on lit *que l'ouvrage a été contrefait à Lyon, et donné à vil prix*. Le libraire de Lyon a, dans ce dernier cas, plus de conscience que celui de Paris; car rien n'est plus *contrefait* que cet opuscule mis en vente chez M. Eymery, quoiqu'il soit à la cinquième édition, et que l'auteur ait déclaré qu'il ne le retouchera plus.

Séduit par ce titre, *Campagne de Moscow*, j'ai cru que j'allais assister encore à une revue de cette grande et belle armée qui a passé le Niémen et la Moskwa; j'ai cru que j'allais être ramené sur les champs de bataille qu'elle a illustrés, dans les pays qu'elle a parcourus, au milieu des nations qu'elle a fait trembler; j'ai cru que j'allais revoir toutes les scènes de la tempête qui l'a frappée à son tour et anéantie. Je devais m'attendre à une exposition raisonnée des grandes chances politiques courues dans cette mémorable croisade (1), et à une critique lumineuse des opérations qu'on y a exécutées, et des fautes qu'on y a commises. J'espérais même trouver, à cet égard, quelque révélation tout-à-fait nouvelle. Mais, au lieu de tout cela, je n'ai lu qu'un extrait, et encore très-informe, des bulletins russes et anglais: voilà les autorités de M. Durdent, et voilà comme on écrit l'histoire de mon temps.

---

(1) L'histoire de cette lutte, dans laquelle toute l'Europe a figuré, méritait une introduction dans le genre de celle que Frédéric a faite pour l'histoire de sa première guerre.

Celui qui écrirait la Campagne de Moscow, d'après les bulletins et journaux français, ferait un ouvrage comme celui de M. Durdent ; et puisque M. Durdent est Français, du moins il le dit, et qu'il n'a eu que des gazettes pour faire son travail, il me semble qu'il aurait dû préférer les versions françaises. Mais si l'on doit être surpris de son choix, on ne peut pourtant pas le taxer lui-même d'inexactitude, puisqu'il n'a fait que copier les versions étrangères. On serait en droit seulement de lui demander pourquoi il appelle cette compilation, *Campagne de Moscow*.

J'en appelle à tous ceux qui ont fait cette campagne : la reconnaissent-ils dans l'ouvrage de M. Durdent? N'approuveront-ils pas au contraire les désaveux suivans et les observations qui les accompagnent ? Je les offre comme ma part d'une réfutation générale, pour laquelle je n'ai pas les matériaux nécessaires.

Il s'en faut que la grande armée qui a passé le Niémen fût de *cent soixante-quinze mille hommes* (page 12) ; il s'en faut davantage que la partie de cette armée, commandée en personne par Buonaparte, et conduite à Moscow, fût *de trois cent soixante mille hommes* (page 13). On se rapprocherait plus de la vérité, en évaluant le premier nombre à quatre cent mille hommes, et le second à deux cent mille; et il me semble que c'est bien assez *pour émouvoir les cœurs*..... (1).

Sans indiquer la position respective des armées, et quels pouvaient être leurs premiers desseins, M. Durdent se hâte de passer le Niémen, mais seulement sur un seul point, à Kowno, et il ne trace qu'une seule direction en Lithuanie (page 16). Cependant on passa aussi à Grodno, à Piloni, à Tilsitt, et l'on varia tellement les directions, que l'armée russe fut déconcertée dès le premier moment et désunie, sans être encore battue. Ce début, tout brillant qu'il est, n'est pas moins véritable, quoique M. Durdent ne veuille pas y croire.

Le grand corps, commandé par le prince Bagration, coupé de Wilna et des communications de la Dwina, courut de grands risques, et n'aurait peut-être pas échappé, si l'on eût tiré meilleur parti de nos cinquième, septième et huitième corps, qui avaient passé à Grodno.

---

(1) Les mots soulignés rappellent la lettre ou le sens de la narration de M. Durdent.

Poursuivi par des forces considérables, dont les chefs n'étaient pas, dit-on, assez d'accord, il se sauva par Newii, où l'on aurait peut-être pu le prévenir, ou du moins l'atteindre, passa la Beresina à Bobrouisk, le Dnieper à Bikhov, après avoir été battu devant Mohilow, et ne rejoignit son armée principale que vers Smolensk : ce qui prouve que les Russes n'avaient pas *concentré facilement leurs forces*, et qu'elles n'étaient pas *réunies à Witebsk* (page 27).

Pendant ce mouvement rétrograde et embarrassé, Bagration soutint plusieurs engagemens partiels; mais il n'a pas, dans une de ces rencontres, *taillé en pièces neuf régimens de cavalerie de la division du maréchal Davout* (1). M. Durdent a l'air de ne pas attacher une grande importance à neuf régimens de cavalerie taillés en pièces (page 26).

Après diverses actions meurtrières, dit M. Durdent (page 27), *on fut obligé de donner quelque repos aux troupes.* C'est ainsi qu'il rend compte du combat d'Ostrowno, le 23 juillet, qui fit tant d'honneur à notre cavalerie légère, de l'engagement plus

(1) Extrait sans doute de quelque rapport russe.

sérieux et plus brillant, le 26 juillet, de la moitié du corps du vice-roi dans les défilés en avant d'Ostrowno, d'où l'infanterie russe fut dépostée, malgré ses bonnes positions et sa vigoureuse résistance; enfin du combat de Witebsk, le 27, dont on ne profita pas assez, parce qu'on se laissa tromper par les apparences d'une bataille qui se préparait pour le lendemain, et que les Russes évitèrent. On gagna pourtant, quoique M. Durdent n'en parle pas, l'occupation de Witebsk et de tout le pays jusqu'à Velii, et c'est là que l'armée se reposa dix jours.

Après un silence aussi injuste sur les avantages remportés par notre armée dans les trois journées du 25, 26 et 27 juillet, M. Durdent ne manque pas de faire remarquer l'échec éprouvé par le général Sébastiani, le 8 août, près d'Inkovo (page 31). On doit être surpris qu'il n'ait pas cité la belle conduite tenue dans cette occasion par deux régimens de hussards prussiens, qui ne se sont jamais mieux battus contre nous qu'ils ne le firent pour nous en ce moment. Je ne balance pas de lui apprendre cette particularité, parce que je rends aux Prussiens ce qui est aux Prussiens; et si j'écrivais l'histoire, je rendrais à chaque nation ce qui lui revient : pourquoi M. Durdent n'est-il pas aussi généreux au moins envers ses compatriotes?

Il n'y a pas eu de bataille à Krasnoi le 14 août (page 31), et le combat d'arrière-garde et d'avant-garde qui eut lieu ce jour-là, ne devait pas être cité plutôt que ceux d'Ostrowno et de Witebsk, dont il n'a pas été question. Mais puisque M. Durdent parle de Krasnoi, il aurait dû dire que notre avant-garde y prit sept canons et quatre cents hommes.

La prise de Smolensk doit être rangée parmi les plus beaux faits de la bravoure française et polonaise. L'ennemi ne défendit pas cette place avec autant d'habileté que de courage. Sa perte, de beaucoup plus considérable que la nôtre, étonna les témoins, et peut, à plus forte raison, étonner M. Durdent, qui, pour cela, n'est pourtant pas autorisé à faire prévaloir des rapports contraires (page 32). Les Russes n'ont réellement pris et exécuté la résolution de s'enfoncer dans l'intérieur et de dévaster leur pays, qu'après la perte de Smolensk (1). Notre armée ne devait peut-être pas

(1) M. Durdent rapporte (page 21) les proclamations prophétiques des Russes, qui annonçaient comme

s'enfoncer avec eux, et, puisqu'ils avaient commencé par brûler une aussi importante ville, l'on aurait dû, ce me semble, en faire sauter de suite les murailles, et reprendre position entre la Dwina et le Dnieper, se rapprochant ainsi des opérations du Bug et de la basse Dwina, et revenant à l'idée si naturelle d'achever la conquête et l'organisation de toute la Pologne russe, avant de marcher sur le Kremlin.

M. Durdent ne parle pas du combat sanglant de Valontina, le 19 août, où le brave général Gudin fut blessé mortellement, et où les Russes auraient été encore plus complètement battus sans le faux mouvement de notre huitième corps.

Le prince Koutousow s'est trompé, *s'il a daté du champ de bataille son rapport de la bataille de la Moskwa* (page 36), puisque les Russes, qui au reste ont défendu vigoureusement leur formidable position, au lieu de coucher sur ce champ de bataille avec les vainqueurs, profitèrent de la nuit pour continuer

---

certaine notre destruction si nous allions à Moscow; mais il ne parle pas de celles qui assignaient cette destruction sous les murs de Smolensk.

leur retraite. Si la garde impériale eût donné sur la fin de cette journée, c'en était fait de toute cette armée russe, et ce malheur pouvait faire composer le cabinet de Pétersbourg : ce qui prouve que le prince Koutousow avait grandement compromis le sort de son pays, et qu'il n'avait pas, autant qu'on veut lui en faire honneur, le système de vaincre en cédant. Il faut dire, en passant, que la Russie, comme toutes les autres puissances, a *connu l'art pratiqué dans les guerres modernes d'exagérer le succès de ses armes* (page 92). Elle a célébré la victoire de la Moskwa, comme la Prusse a célébré celle de Lutzen. M. Durdent connaît aussi cet art; et il chante ici le *Te Deum* avec les Russes plutôt qu'avec les Français, puisqu'il insinue que notre armée, au lieu d'avoir gagné le champ de bataille, a au contraire rétrogradé de neuf milles : il ne craint pas de soulever contre lui les mânes des généraux Montbrun, Caulincourt, Plauzonne, Lanabère... de tous ceux qui ont succombé, en triomphant, dans cette grande bataille.

Les Russes ont mis, il est vrai, beaucoup d'ordre dans leur retraite; mais ils ont cependant abandonné sans ressource plus de quatre mille blessés à Mojaisk, et dix à douze mille blessés ou malades à Moscow, quoiqu'ils aient incendié ces villes et quoi qu'en dise M. Durdent (page 40).

Les richesses de toute espèce trouvées dans les décombres de Moscow prouvent que l'occupation de cette ville n'était pas *prévue depuis plusieurs semaines* (page 41), et que le patriotisme de ses habitans n'allait pas jusqu'à avoir résolu d'avance le sacrifice qu'on leur a fait faire. Les Allemands, les Italiens, les Français, et même les Russes qui y sont restés (1), ont dit, en gémissant, que, si l'on avait consulté la population, Moscow serait debout. Sa destruction est tout simplement une opération militaire spontanée, qui illustrera peut-être quelques généraux, mais qui n'a rien de la gloire de Carthage, de Numance, de Sarra-

(1) On a eu tort de dire qu'il n'était resté à Moscow que quelques centaines d'hommes de la populace. On n'en a vu d'abord que de cette classe; mais, en se logeant dans les maisons conservées, qu'on pouvait évaluer au dixième, on y a trouvé des familles entières bourgeoises. Dans les palais, on a trouvé des intendans qui ne demandaient pas mieux que de faire épargner ce qui appartenait à leurs maîtres, dont la plus grande partie maudissait alors la mesure ordonnée par Rastapchin.

gosse... Le gouvernement et les grands peuvent tout ordonner en Russie, le peuple obéit en esclave et non en patriote : voilà ce que M. Durdent, s'il était historien, aurait fait remarquer, au lieu de s'extasier sur la magnanimité de la nation russe, qui ne peut encore le disputer aux autres nations que pour la magnanimité de son souverain.

M. Durdent, qui ne connaît pas les obligations de l'historien, ne connaît pas davantage les usages qu'on appelle *droits de la guerre*, et il aime d'ailleurs à confondre tout. Il va jusqu'à reprocher l'exécution de quelques misérables de Moscow surpris à incendier les maisons qui restaient, et dont l'armée profitait, sous prétexte qu'on doit faire tout le mal possible à l'ennemi (page 47). Il ne voit pas *comment ces incendiaires ont pu être condamnés par des commissions militaires françaises*. Qu'il se fasse éclairer, à cet égard, par ceux qui ont fait dernièrement des proclamations en Champagne, en Flandre, etc., et qui ont fait fusiller des paysans français qui cherchaient, comme les paysans russes, espagnols, portugais et allemands, à nuire à l'ennemi : ceux-ci excitent seuls la commisération de M. Durdent.

Moscow n'a pas été *repris de vive force par*

les Russes (page 53), mais évacué par le corps du maréchal duc de Trévise, qui fit sauter le Kremlin, et dont le mouvement se liait au plan général des opérations. Comment M. Durdent a-t-il manqué de peindre l'évacuation des hôpitaux de Moscow? il ne la connaît pas sans doute : ce sera pourtant une des pages les plus affligeantes de l'histoire de cette campagne.

Le général Winzingerode, qui commandait en chef le corps qui observait Moscow sur la fin d'octobre, fut pris dans un des faubourgs, non pas *avec le mouchoir blanc,* mais avec le sabre à la main (page 53). Je ne m'arrête à ce fait que parce que M. Durdent s'y est arrêté pour faire soupçonner les Français d'avoir manqué de loyauté envers un parlementaire. Lorsque ce général Winzingerode, qui s'était trop avancé, fut surpris et enlevé, il en eut tant de confusion et de dépit que, pour se sauver, il prétendit, il est vrai, qu'il était parlementaire. Mais pouvait-on reconnaître un parlementaire dans un général en chef qui n'était annoncé par aucune communication préliminaire, ni même accompagné par aucun des signaux d'usage?

Le 18 octobre, une division du roi de Naples eut encore le malheur d'être surprise à Vinkovo sur la Nara ; elle éprouva une perte assez considérable, la moitié à peu près de celle rapportée par M. Durdent; mais elle aurait souffert davantage, si les autres divisions de cavalerie, et sur-tout les carabiniers, avaient montré moins de valeur (page 49). Cet échec fut bientôt réparé à Malojaroslavetz.

Pour rendre compte du combat qui eut lieu à Malajaroslavetz, le 24 octobre, M. Durdent ne rapporte qu'une lettre de lord Catchart, datée de Pétersbourg (page 61) : il ne puise jamais dans d'autres sources. Il laisse par conséquent ignorer la gloire acquise, dans cette journée, par les vingt mille hommes du vice-roi (1), et la perte énorme faite par les quarante à cinquante mille Russes qui s'y trouvaient. Il se tait sur la mort brillante du général Delzons, si honorée par les regrets de l'armée. C'est là qu'il y avait réellement dix Russes pour un Français couchés dans les rues de cette petite ville, prise et reprise plusieurs fois, mais gardée par le vice-roi, et dont la position, comme celle de Smolensk, était pourtant toute à l'avantage des Russes. Ces différences dans les pertes viennent, il n'y a pas de doute, de ce que les Français, qui ne tirent pas aussi bien

(1) Dont quatre mille Italiens, et le reste Français.

que l'infanterie de Frédéric, tirent cependant beaucoup mieux que les Russes (1).

Le combat de Wiasma, le 3 novembre, fut tout à l'honneur de notre armée, puisque l'arrière-garde, et non l'avant-garde (page 60), composée en ce moment du corps du maréchal Davout (2), et soutenue par celui du vice-roi et par les Polonais, passa sur le corps du général Millaradovitch, qui avait intercepté la route de Wiasma, en arrivant par celle de Iouknov. Ce combat fut très-vif; mais il s'en faut que les pertes, qui furent au moins égales des deux côtés, aient été aussi considérables que le rapporte M. Durdent. Notre arrière-garde ne voulait pas *arrêter le progrès des Russes*, mais elle voulait ne pas être arrêtée elle-même : c'est à quoi elle parvint avec au-

---

(1) Les Anglais seuls tirent aujourd'hui aussi bien que les Français. La mousquerie de Frédéric était la meilleure de son temps. Maintenant celle des Français doit ses avantages plutôt à l'esprit naturel de nos soldats qu'à leur instruction militaire. Notre infanterie excelle sans doute dans la marche et dans la charge; mais son feu est loin de la perfection terrible que je conçois qu'on peut lui donner.

(2) Le maréchal Ney avait déjà passé la Wiasma, et ne prit l'arrière-garde que le lendemain.

tant d'ordre que de résolution, et sans être *chassée à la baïonnette de Wiasma.*

Le corps du vice-roi n'a pas été *sabré et dispersé par les Cosaques du général Platow, sur la route de Doroghoboui à Doukhovchtchina* (page 68). Le rapport de l'hetmann des Cosaques est fort inexact; il doit convenir que les énormes pertes du vice-roi, depuis le 6 novembre qu'il passa sur la rive droite du Dnieper jusqu'au 14 qu'il rejoignit l'armée à Smolensk, ne sont dues qu'au froid et aux chemins déjà glacés, à la crue des eaux du Vop, qui submergea le pont, et qui ne permit pas à la plus grande partie de l'artillerie et des bagages, et à beaucoup de monde de passer à gué. Il avouera de bonne foi que ces pertes ne sont pas dues aux charges de ses Cosaques qui, en quelque nombre qu'ils fussent, respectaient trop les Français, dans toute cette retraite, pour en attaquer et enfoncer cent armés et réunis. Ceux qui suivaient alors le corps du vice-roi se bornèrent à le canonner, même d'assez loin, au passage du Vop et à Doukhovchtchina. Près d'arriver à Smolensk, ces braves Tartares massacrèrent pourtant, avec une joie de caraïbe, trois à quatre cents hommes isolés, désarmés et presque gelés, qui avaient pris le devant, et qui certainement n'ont pas blessé un seul Cosaque. Mais les pertes rapportées par M. Durdent n'en sont pas moins véritables, et je ne démens que les causes qu'il en donne. Si notre quatrième corps avait été mis en fuite, et s'il avait craint les Cosaques, il n'aurait pas séjourné, le 11 novembre, à Doukhovchtchina. C'est dans ce dernier endroit, et de là jusqu'à Smolensk, que la cavalerie de Platow, si elle avait été bonne, pouvait tenter d'aborder le corps du vice-roi, isolé de l'armée, ayant déjà laissé beaucoup de monde en arrière, et abandonné presque toute son artillerie, et étant frappé de quinze à seize dégrés de froid. Le général Samson, qui n'était pas *quartier-maître général de toute l'armée française*, ne fut pas pris dans cette occasion.

Le général Koutousow était assez fort en troupes et en position pour séparer entièrement notre armée à Krasnoi, les 16 et 17 novembre, et arrêter les corps du vice-roi, du maréchal Davout et du maréchal Ney; mais ces corps, qui étaient échelonnés, et qui auraient peut-être dû s'attendre, se firent successivement passage, en éprouvant, il est vrai, de grandes pertes, inférieures cependant à celles indiquées dans les deux rapports du prince Koutousow

(pages 71 et 72). Le vice-roi, après un combat très-meurtrier, passa dans la nuit du 16 au 17, l'ennemi n'ayant pas osé rester sur la route. Le maréchal Davout passa le 17 au matin : une partie de la garde alla à sa rencontre ; l'affaire fut très-chaude : un bataillon de trois cents hommes de la jeune garde fut enfoncé par des cuirassiers russes ; mais le corps du maréchal Davout ne fut pas *entièrement défait*, puisqu'il fit encore l'arrière-garde jusqu'à Orcha. Le corps du maréchal Ney, resté seul, vraiment abandonné, et réduit à environ quatre mille hommes, soutint un combat des plus inégaux et des plus acharnés jusqu'à la nuit du 17 ; et, pendant la nuit, au lieu de capituler, comme cela est dit dans le second rapport du général Koutousow, il alla passer le Dnieper sur la glace, échappa ainsi à la nécessité attachée à une position aussi singulière, et vint, trois jours après, rejoindre l'armée à Orcha. Ce corps perdit près de la moitié de son monde, mais sans affront, quoique M. Durdent, dans ses notes (pag. 75), tende à faire croire que le maréchal Ney s'est sauvé lui seul, et à ne laisser aucun doute sur la prétendue *capitulation de tout son corps montant à douze mille hommes*. Il resta derrière le maréchal Ney beauconp de trainards et de bagages de toute l'armée; mais les Russes n'ont pris des corps de troupes que sur les bords de la Beresina, qui ont offert plus de difficultés peut-être, ou sur lesquels on a montré moins de résolution que sur ceux du Dnieper.

Moi, qui n'ai pas la prétention d'écrire la campagne de Moscow, je franchis aussi de grands intervalles. Je ne suis pas le fil de l'histoire, je suis la brochure de M. Durdent, et nous voilà à la Beresina.

Les généraux Tchitchagoff et Wittgenstein, arrivés les premiers sur les bords de la Beresina, avaient au-delà des moyens nécessaires pour en défendre le passage à notre armée poursuivie par l'armée principale russe, accablée de froid, de faim, de fatigue, et déjà privée des deux tiers de son artillerie et de ses équipages du génie. Dans ses pages 76, 77 et celles qui précèdent, M. Durdent confirme ce que j'avance ici. Cependant on jeta sur cette rivière, non pas *un seul pont*, mais deux qui portaient l'artillerie, et qu'*une pièce de quatre ne pouvait pas rompre* (page 78). C'était le moment de faire brûler tous les bagages pour amener plus d'artillerie, pour faciliter le passage, pour alléger la marche, pour faire cesser le soin des propriétés individuelles, si nuisible en pareille circonstance, et ramener tout le monde au soin du salut général : on ne le fit pas. Malgré le désordre du passage, on l'effectua, et les Français, toujours braves contre des soldats, et secondés en ce moment par un corps de leurs meilleurs amis, les Polonais, enfoncèrent le corps de Tchitchagoff, et l'auraient anéanti, s'ils n'avaient pas été en retraite; eux qui, sans cette bravoure que le froid ne glaça jamais, devaient être tous pris ou noyés dans la Beresina. Plus je pense à cette opération, et moins je conçois que les Russes nous aient permis de faire des ponts, de passer pendant deux jours, de culbuter le corps de Tchittchagoff, et de traverser les défilés des deux journées suivantes par Zembin jusqu'à Kamen, où, pour nous arrêter, il suffisait de brûler trois ou quatre des cent ponts qui sont sur ce marais de huit lieues. Nous avons pourtant perdu une division du 9e corps de quatre à cinq mille hommes, qui s'égara (cela est vrai) avant de passer la Beresina, et capitula...; nous avons laissé aussi sur la rive gauche de cette rivière beaucoup de bagages et d'artillerie qu'on pouvait détruire, et que notre désordre intérieur nous a fait abandonner. Mais je conteste que les Russes aient *remporté une victoire complète*, comme le prétend M. Durdent (page 79), parce que la victoire complète devait consister à empêcher le passage, et à ne pas laisser compenser les pertes du 9e corps par celles du corps de Tchitchagoff.

M. Durdent finit là sa campagne de Moscow. Il y a cependant bien loin encore de la Beresina aux bords de l'Elbe, où elle se termina réellement vers la fin de février 1814. Dans ces trois mois, il s'est passé des choses fort intéressantes. C'est après le départ de son chef, depuis la Beresina jusqu'au Niémen, que notre armée a le plus souffert du froid et de la fatigue, et qu'elle s'est entièrement débandée. Il fallait peindre les scènes de Smorghoni, de Wilna, de Kowno; il fallait, au lieu de vanter toujours les Russes, reprocher à leur nombreuse cavalerie d'avoir permis à un seul de nous de repasser le Niémen, et de n'avoir pas osé, même dans cette extrême confusion, charger les plus petits groupes armés; il fallait enfin montrer les débris de cette grande armée ralliés dans la Prusse, retenus par le vice-roi pendant près d'un mois sur la Wartha, conduits sur l'Elbe par ce grand capitaine, qui, renforcé de quarante mille hommes seulement, venus d'Italie et de Hambourg, a nourri la campagne pendant deux mois, et a donné le temps à cent mille conscrits français d'arriver pour vaincre à Lutzen. Tout cela doit entrer dans la campagne de Moscow; mais, comme il n'y a pas de commencement dans celle de M. Durdent, il ne devait pas y avoir de fin. Son cadre tronqué n'est pas même rempli; car, entr'autres choses essentielles qui y manquent, on n'y voit rien des opérations du maréchal duc de Tarente, en Courlande, ni de celles du général Reynier, réuni au prince de Schwartzenberg, en avant du Bug.

La grande armée, qui a passé le Niémen, a livré plusieurs batailles ou combats, elle a payé cher ses victoires et la conservation de l'honneur de ses armes; mais ses désastres et son anéantissement viennent plus particulièrement du froid (1), de la faim et de la fatigue. L'ennemi s'est, pour ainsi dire, contenté de nous abandonner à ces fléaux, qui ont presque

(1) Il s'en faut que je prétende justifier le but, et encore moins la conduite de cette expédition ; mais il me semble que Buonaparte aurait pu, jusqu'à un certain point, dire, comme Philippe II : « J'ai envoyé ma grande armée contre les hommes et non contre les élémens. »

seuls le mérite de nous avoir châtiés de notre agression et de notre imprévoyance (1); car, si l'armée russe les avait suffisamment secondés, le Niémen devenait, pour tous ceux qui l'avaient passé, l'*irremeabilis unda*.

Mais il faut que la gloire de nos armes en ait imposé aux Russes et les ait empêchés d'user de tous leurs avantages. Cette vieille gloire a seule défendu les débris de la grande armée quand ils ont traversé les états prussiens. C'est au milieu d'une stupéfaction générale qu'il faut représenter ces braves Français battus par une tempête aussi violente que longue, ayant encore une fois tout perdu *fors* l'honneur, et respectés par les peuples qu'ils avaient vaincus, et qu'ils ont encore vaincus après leur épouvantable naufrage.

Les soldats de la grande armée repousseront les éloges vagues et spécieux que M. Durdent affecte quelquefois de leur donner, parce qu'il a grand soin de les démentir dans toute sa narration. Celui qui déplore réellement la perte des deux cent mille Français restés en Russie, respecte davantage leur mémoire, et se garde d'offrir aux ennemis l'humiliation de nos armes

(1) *Les réflexions sur Charles XII*, du grand Frédéric, auraient dû servir de base au plan de cette campagne.

pour augmenter l'expiation de notre entreprise. M. Durdent et tant d'autres reprochent à Buonaparte d'avoir souvent, et sur-tout dans la campagne de Moscow, enseveli dans un oubli décourageant pour l'armée et humiliant pour la nation, la gloire personnelle de nos guerriers : on ne savait plus qui revenait *cum scuto aut super scutum;* on ne parlait même plus des régimens, des divisions, des corps d'armée; on ne connaissait que la marche de l'armée et le gain d'une bataille. M. Durdent devait éviter ce reproche et offrir aux Français le seul dédommagement qu'il y ait à leurs désastres, l'illustration de toutes leurs belles actions : c'était d'ailleurs seconder les intentions de notre généreux roi, qui a dit solennellement qu'il revendiquerait par-tout la gloire des armes françaises. Mais M. Durdent, comme tant d'autres, ne sait qu'ouvrir *les sépulcres de la grande armée* (1), sans jeter la moindre fleur sur les cendres de nos braves.

Je n'ai pas contredit tous les faits rapportés par M. Durdent; je ne me suis attaché qu'aux principaux, et d'ailleurs je ne me suis pas trouvé par-tout; j'ai été toujours éloigné de la Dwina. Je ne relève pas les erreurs de date,

(1) Brochure de M. Habdé.

de lieu, ni cette confusion fréquente de personnes et de choses qui remplissent la brochure de M. Durdent. Je m'abstiens de remplacer sa narration et de me livrer à des commentaires historiques, parce que, je le répète, je n'ai pas la prétention d'écrire la campagne de Moscow : je ne veux que désavouer ceux qui l'écriront comme M. Durdent, afin qu'on n'insulte pas impunément à l'honneur de nos armes, et qu'on n'abuse pas de la crédulité du public.

Le nouveau Xénophon qui viendra pour écrire l'histoire de cette campagne, se gardera de puiser aveuglement ses matériaux dans les bulletins et dans les journaux, quels qu'ils soient, dans les pamphlets du temps, dans les *pièces officielles de M. Schœll*, etc., etc. Il se gardera sur-tout d'atténuer l'intérêt qu'inspirent les malheurs de notre grande armée par des exagérations ridicules et des images burlesques. Il ne dira pas, comme M. de Chateaubriand, que *des escadrons entiers, hommes et chevaux, étaient gelés pendant la nuit, et présentaient le matin une ligne de fantômes debout,* sans doute comme des statues équestres. Malheureusement on n'a pas besoin de recourir à des fables poùr rendre le tableau de la retraite de Moscow effrayant; la vérité suffit : c'est en la disant avec énergie, mais sans exagération, avec patriotisme, mais sans partialité, qu'un historien, de quelque nation qu'il soit, peut frapper les contemporains et la postérité par le récit de cette catastrophe européenne.

Pendant qu'on imprimait ce petit ouvrage, il en a paru un beaucoup plus grand, intitulé *Relation circonstanciée de la campagne de Russie.* Malgré le prestige de la grosseur du volume, et des deux cartes qui y sont jointes, ce n'est pas encore là, il s'en faut, l'histoire de cette campagne. C'est plus particulièrement le récit des opérations du quatrième corps d'armée, qui exigerait même quelques rectifications. Les cartes laissent quelque chose à désirer : celle de la bataille de Mojaisk ne présente pas les redoutes qui appuyaient la gauche de l'ennemi, et qui coûtèrent si cher à notre droite ; celle de Malojaroslavetz est insuffisante pour l'intelligence de ce combat. Cette relation, quoique incomplète, offre pourtant de très-bons matériaux historiques, plusieurs tableaux, et sur-tout ceux de la retraite, dont les couleurs sont d'une vérité frappante, un style qui, très-souvent, peut servir de modèle : cela suffisait sans doute pour la rendre fort intéressante, et il était inutile de grossir le livre de détails et d'évènemens insignifians, de petites mentions honorables, de petits contes romanesques, de ces déclamations banales et tant ressassées sur l'horreur des guerres, des champs de bataille, etc. Mais je reproche bien davantage à l'auteur son engouement à la mode pour la générosité des Anglais, pour la magnanimité des Russes, pour la modération de tous, excepté des Français, lorsque toutes les autres puissances sont sorties et restent hors de leurs limites, et que la France seule est rentrée dans les siennes; lorsque les Anglais occupent la Sicile, Gênes, Malte, Corfou, Ceuta, le Portugal, la Belgique, Héligoland, Bornholm, presque toutes les colonies de l'Asie, de l'Afrique, de l'Amérique, et qu'ils saccagent Washington.... La juste colère de M. Labeaume, qui l'inspire si heureusement lorsqu'il peint l'ambition et les fautes de Buonaparte, le trompe seulement lorsqu'elle lui montre les ennemis de ce conquérant comme n'étant animés que par la générosité et la magnanimité.

FIN.

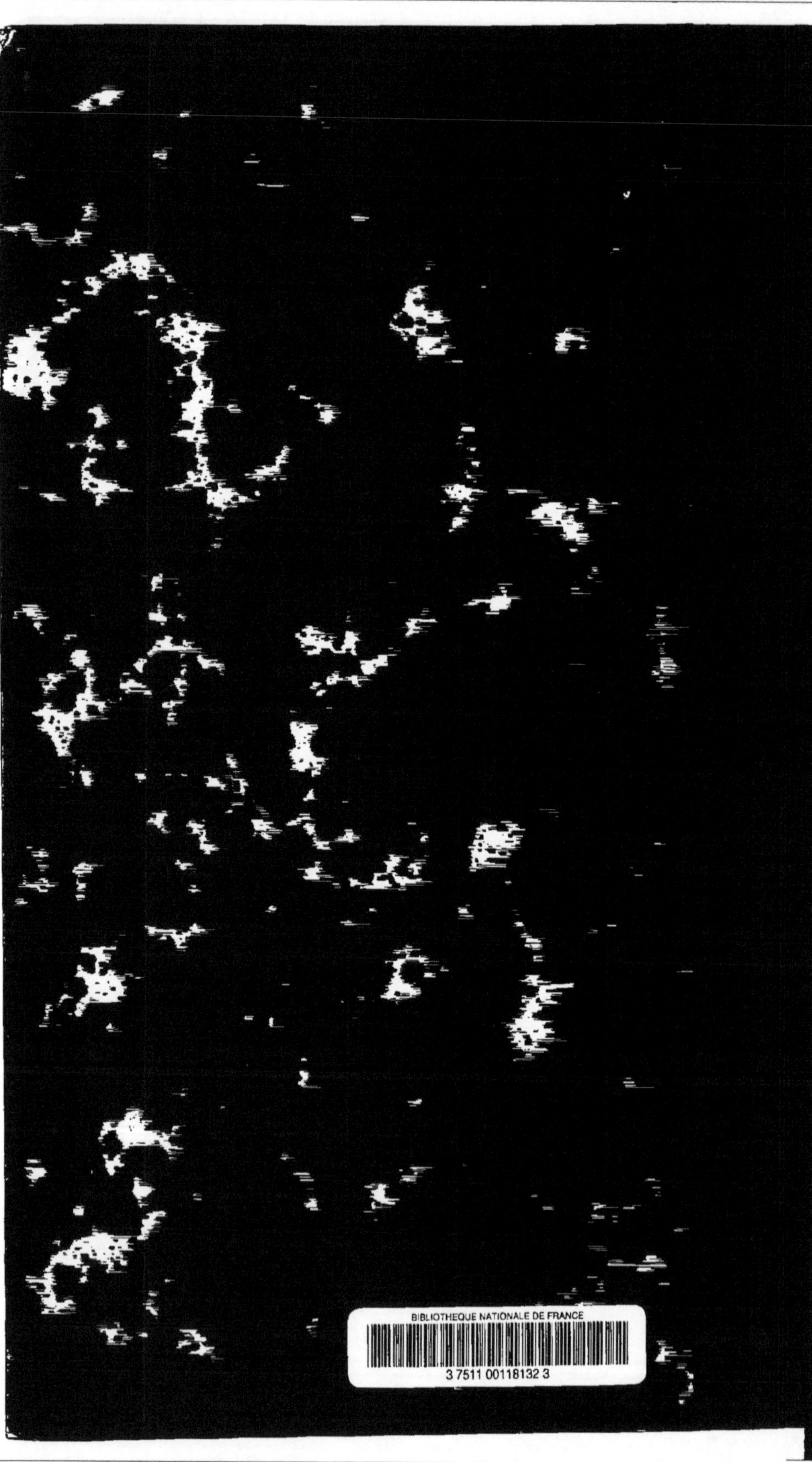

www.ingramcontent.com/pod-product-compliance
Ingram Content Group UK Ltd.
Pitfield, Milton Keynes, MK11 3LW, UK
UKHW020417220726
13923UKWH00005B/2001